50 Recetas de Brownies Deliciosos

Por: Kelly Johnson

Table of Contents

- Brownies clásicos de chocolate
- Brownies de chocolate con nueces
- Brownies de chocolate blanco
- Brownies con trozos de caramelo
- Brownies de doble chocolate
- Brownies de chocolate y menta
- Brownies de chocolate con chispas de café
- Brownies de chocolate con frambuesas
- Brownies de chocolate con crema de cacahuate
- Brownies de chocolate y naranja
- Brownies de chocolate con almendras
- Brownies con cheesecake de vainilla
- Brownies de chocolate con chips de dulce de leche
- Brownies con glaseado de chocolate
- Brownies de chocolate con trozos de marshmallow
- Brownies veganos de chocolate
- Brownies sin gluten de chocolate

- Brownies con nueces de pecan
- Brownies con caramelo salado
- Brownies de chocolate con avellanas
- Brownies con chips de menta
- Brownies con trozos de oreo
- Brownies con salsa de caramelo
- Brownies con ganache de chocolate
- Brownies con crumble de galleta
- Brownies con trozos de pistacho
- Brownies con crema de avellanas
- Brownies con topping de frutas rojas
- Brownies con glaseado de queso crema
- Brownies con trozos de plátano
- Brownies con chispas de chocolate y coco
- Brownies con esencia de café
- Brownies con chips de chocolate y chile
- Brownies con frosting de mantequilla de maní
- Brownies con trozos de chocolate amargo
- Brownies con nueces y chips de chocolate blanco

- Brownies con salsa de frambuesa
- Brownies con trozos de dulce de leche y nueces
- Brownies con topping de crema batida
- Brownies con mezcla de especias (canela, nuez moscada)
- Brownies con chocolate con leche y almendras
- Brownies con trozos de chocolate y café espresso
- Brownies con crema de avellanas y plátano
- Brownies con glaseado de menta y chocolate
- Brownies con nueces y trozos de chocolate negro
- Brownies con topping de caramelo y sal marina
- Brownies con frutas deshidratadas
- Brownies con trozos de galleta y chocolate
- Brownies con relleno de crema de chocolate
- Brownies con trozos de mantequilla de maní

Brownies clásicos de chocolate

Ingredientes:

- 200 g de chocolate negro
- 150 g de mantequilla
- 200 g de azúcar
- 3 huevos
- 100 g de harina
- 1 cucharadita de esencia de vainilla
- 1 pizca de sal

Preparación:

1. Derrite el chocolate con la mantequilla a baño María o en microondas.
2. Bate los huevos con el azúcar y la vainilla hasta que estén esponjosos.
3. Incorpora la mezcla de chocolate y mantequilla.
4. Agrega la harina tamizada y la sal, mezcla suavemente.
5. Vierte en un molde engrasado y hornea a 180°C por 25-30 minutos.

Brownies de chocolate con nueces

Ingredientes:

- Base de brownies clásicos (ver receta anterior)
- 100 g de nueces picadas

Preparación:

1. Sigue la receta clásica y añade las nueces picadas a la mezcla antes de hornear.
2. Hornea igual, las nueces aportan textura y sabor.

Brownies de chocolate blanco

Ingredientes:

- 200 g de chocolate blanco
- 150 g de mantequilla
- 200 g de azúcar
- 3 huevos
- 100 g de harina
- 1 cucharadita de esencia de vainilla
- 1 pizca de sal

Preparación:

1. Derrite el chocolate blanco con la mantequilla.
2. Bate los huevos con azúcar y vainilla.
3. Incorpora la mezcla de chocolate y mantequilla.
4. Añade la harina y la sal tamizadas.
5. Hornea a 180°C por 25-30 minutos.

Brownies con trozos de caramelo

Ingredientes:

- Base de brownies clásicos
- 100 g de caramelos duros o caramelos blandos en trozos

Preparación:

1. Añade los trozos de caramelo a la mezcla antes de hornear.
2. También puedes poner algunos encima para que se fundan un poco.
3. Hornea igual.

Brownies de doble chocolate

Ingredientes:

- 150 g de chocolate negro derretido
- 30 g de cacao en polvo sin azúcar
- 150 g de mantequilla
- 200 g de azúcar
- 3 huevos
- 100 g de harina
- 1 cucharadita de esencia de vainilla
- 1 pizca de sal
- 100 g de chispas de chocolate

Preparación:

1. Derrite el chocolate y la mantequilla juntos.
2. Bate los huevos con azúcar y vainilla.
3. Añade el cacao en polvo, la mezcla de chocolate y mantequilla.
4. Incorpora la harina y la sal tamizadas.
5. Agrega las chispas de chocolate.
6. Hornea a 180°C por 25-30 minutos.

Brownies de chocolate y menta

Ingredientes:

- Base de brownies clásicos
- 1 cucharadita de extracto de menta
- Opcional: chispas de chocolate o cobertura de chocolate con menta

Preparación:

1. Añade el extracto de menta a la mezcla de brownies clásica.
2. Hornea normalmente.
3. Puedes decorar con chispas de chocolate o glaseado de menta.

Brownies de chocolate con chispas de café

Ingredientes:

- Base de brownies clásicos
- 2 cucharadas de café instantáneo disuelto en 1 cucharada de agua caliente
- 50 g de chispas de chocolate

Preparación:

1. Añade el café disuelto a la mezcla de brownies.
2. Incorpora las chispas de chocolate.
3. Hornea normalmente.

Brownies de chocolate con frambuesas

Ingredientes:

- Base de brownies clásicos
- 150 g de frambuesas frescas o congeladas

Preparación:

1. Incorpora suavemente las frambuesas a la mezcla justo antes de hornear.
2. Hornea como en la receta base.

Brownies de chocolate con crema de cacahuate

Ingredientes:

- Base de brownies clásicos
- 150 g de crema de cacahuate (maní)

Preparación:

1. Añade cucharadas de crema de cacahuate sobre la mezcla antes de hornear y usa un cuchillo para hacer remolinos.
2. Hornea normalmente.

Brownies de chocolate y naranja

Ingredientes:

- Base de brownies clásicos
- Ralladura de 1 naranja
- 2 cucharadas de jugo de naranja natural

Preparación:

1. Añade la ralladura y el jugo de naranja a la mezcla base.
2. Mezcla bien y hornea como en la receta clásica (180°C, 25–30 min).
3. Opcional: decorar con ralladura adicional o glaseado de naranja.

Brownies de chocolate con almendras

Ingredientes:

- Base de brownies clásicos
- 100 g de almendras tostadas y picadas

Preparación:

1. Incorpora las almendras a la mezcla antes de hornear.
2. Hornea normalmente.
3. Opcional: espolvorear almendras por encima antes de hornear.

Brownies con cheesecake de vainilla

Ingredientes:

- Mezcla base de brownies

- Mezcla de cheesecake: 200 g de queso crema, 1 huevo, 50 g de azúcar, 1 cdita de vainilla

Preparación:

1. Vierte la mezcla de brownie en el molde.

2. Añade cucharadas de mezcla de cheesecake encima.

3. Con un cuchillo, haz remolinos.

4. Hornea a 180°C por 30–35 minutos.

Brownies de chocolate con chips de dulce de leche

Ingredientes:

- Base de brownies clásicos
- 100 g de chips de dulce de leche o pequeños trozos congelados

Preparación:

1. Mezcla los chips en la masa antes de hornear.
2. Hornea como siempre.
3. Puedes añadir un poco más por encima tras el horneado para decorar.

Brownies con glaseado de chocolate

Ingredientes:

- Base de brownies clásicos
- Glaseado: 100 g de chocolate negro, 50 g de mantequilla

Preparación:

1. Hornea los brownies y deja enfriar.
2. Derrite el chocolate con la mantequilla y vierte sobre los brownies.
3. Refrigera 15 minutos para que endurezca el glaseado.

Brownies de chocolate con trozos de marshmallow

Ingredientes:

- Base de brownies clásicos
- 100 g de mini marshmallows

Preparación:

1. Añade los marshmallows al final de la mezcla o espárcelos por encima a mitad de cocción.
2. Hornea como siempre, controlando que no se quemen.

Brownies veganos de chocolate

Ingredientes:

- 200 g de chocolate negro vegano
- 100 ml de aceite de coco
- 100 g de azúcar morena
- 2 cucharadas de semillas de chía + 6 de agua (dejar reposar 10 min)
- 100 g de harina
- 1 cdita de polvo de hornear
- 1 pizca de sal

Preparación:

1. Mezcla todos los ingredientes.
2. Vierte en un molde y hornea a 180°C por 25–30 min.

Brownies sin gluten de chocolate

Ingredientes:

- Base clásica con sustitución: 100 g de harina de almendra o avena sin gluten
- 1/2 cdita de goma xantana (opcional)

Preparación:

1. Sustituye la harina común en la receta base.
2. Mezcla y hornea como de costumbre.

Brownies con nueces de pecan

Ingredientes:

- Base de brownies clásicos
- 100 g de nueces de pecan troceadas

Preparación:

1. Añade las nueces a la mezcla.
2. Puedes reservar algunas para colocar encima antes de hornear.
3. Hornea normalmente.

Brownies con caramelo salado

Ingredientes:

- Base de brownies clásicos
- 100 g de caramelo salado (puede ser comprado o casero)
- Sal marina gruesa para decorar

Preparación:

1. Vierte la mezcla de brownies en el molde.
2. Agrega cucharadas de caramelo salado y haz remolinos con un cuchillo.
3. Espolvorea sal marina por encima.
4. Hornea a 180 °C por 25–30 minutos.

Brownies de chocolate con avellanas

Ingredientes:

- Base de brownies clásicos
- 100 g de avellanas tostadas y troceadas

Preparación:

1. Incorpora las avellanas en la mezcla de brownies.
2. Vierte en el molde y hornea normalmente.
3. Puedes colocar algunas enteras en la parte superior como decoración.

Brownies con chips de menta

Ingredientes:

- Base de brownies clásicos
- 100 g de chips de chocolate con menta o trozos de chocolate sabor menta

Preparación:

1. Mezcla los chips en la masa de brownie.
2. Hornea como de costumbre.
3. Opcional: espolvorear con hojas de menta fresca al servir.

Brownies con trozos de oreo

Ingredientes:

- Base de brownies clásicos
- 10–12 galletas Oreo troceadas

Preparación:

1. Añade los trozos de Oreo a la masa.
2. Coloca más trozos por encima antes de hornear.
3. Hornea a 180 °C por 25–30 minutos.

Brownies con salsa de caramelo

Ingredientes:

- Base de brownies clásicos
- 100 ml de salsa de caramelo

Preparación:

1. Hornea los brownies como de costumbre.
2. Una vez fríos, sirve con salsa de caramelo por encima.
3. Opcional: agregar una pizca de sal marina.

Brownies con ganache de chocolate

Ingredientes:

- Base de brownies clásicos
- Ganache: 100 g de chocolate + 100 ml de nata caliente

Preparación:

1. Hornea los brownies y deja enfriar.
2. Cubre con ganache y deja reposar en la nevera hasta que endurezca.
3. Corta en porciones y sirve.

Brownies con crumble de galleta

Ingredientes:

- Base de brownies clásicos
- 50 g de mantequilla
- 50 g de azúcar moreno
- 80 g de galletas trituradas

Preparación:

1. Mezcla los ingredientes del crumble.
2. Espolvorea sobre la mezcla de brownie antes de hornear.
3. Hornea normalmente.

Brownies con trozos de pistacho

Ingredientes:

- Base de brownies clásicos
- 80–100 g de pistachos pelados y troceados

Preparación:

1. Añade los pistachos a la mezcla.
2. Decora con más pistachos encima.
3. Hornea a 180 °C por 25–30 minutos.

Brownies con crema de avellanas

Ingredientes:

- Base de brownies clásicos
- 3–4 cucharadas de crema de avellanas (tipo Nutella)

Preparación:

1. Vierte la mezcla de brownies en el molde.
2. Agrega cucharadas de crema de avellanas y remueve suavemente para crear un efecto marmolado.
3. Hornea normalmente.

Brownies con topping de frutas rojas

Ingredientes:

- Base de brownies clásicos
- 100 g de frutas rojas (frambuesas, arándanos, fresas troceadas)
- Azúcar glas (opcional)

Preparación:

1. Vierte la masa de brownie en el molde.
2. Distribuye las frutas por encima.
3. Hornea a 180 °C por 25–30 minutos.
4. Deja enfriar y espolvorea con azúcar glas si deseas.

Brownies con glaseado de queso crema

Ingredientes:

- Base de brownies clásicos
- 100 g de queso crema
- 50 g de mantequilla
- 80 g de azúcar glas
- 1 cdita de esencia de vainilla

Preparación:

1. Hornea los brownies y deja enfriar completamente.
2. Bate el queso crema, mantequilla, azúcar glas y vainilla hasta obtener una mezcla suave.
3. Extiende sobre los brownies y refrigera 30 minutos antes de cortar.

Brownies con trozos de plátano

Ingredientes:

- Base de brownies clásicos
- 1 plátano maduro en rodajas
- Canela al gusto (opcional)

Preparación:

1. Mezcla trozos de plátano con la masa.
2. Coloca algunas rodajas encima antes de hornear.
3. Espolvorea con canela si lo deseas y hornea como siempre.

Brownies con chispas de chocolate y coco

Ingredientes:

- Base de brownies clásicos
- 50 g de chispas de chocolate
- 50 g de coco rallado

Preparación:

1. Incorpora ambos ingredientes en la masa.
2. También puedes espolvorear un poco de coco por encima.
3. Hornea normalmente.

Brownies con esencia de café

Ingredientes:

- Base de brownies clásicos
- 1 cda de café instantáneo disuelto en 1 cda de agua caliente

Preparación:

1. Añade el café disuelto a la masa de brownie.
2. Mezcla bien y hornea como de costumbre.
3. Para más sabor, puedes agregar chips de chocolate oscuro.

Brownies con chips de chocolate y chile

Ingredientes:

- Base de brownies clásicos
- 50 g de chips de chocolate
- 1 pizca de chile en polvo (como cayena o chipotle)

Preparación:

1. Mezcla los ingredientes en la masa.
2. Prueba una pequeña cantidad de chile para ajustar al gusto.
3. Hornea como siempre.

Brownies con frosting de mantequilla de maní

Ingredientes:

- Base de brownies clásicos
- 100 g de mantequilla de maní
- 50 g de azúcar glas
- 2 cdas de leche

Preparación:

1. Hornea los brownies y deja enfriar.
2. Mezcla la mantequilla de maní con el azúcar glas y la leche hasta formar un glaseado.
3. Unta sobre los brownies y enfría antes de cortar.

Brownies con trozos de chocolate amargo

Ingredientes:

- Base de brownies clásicos
- 100 g de chocolate amargo picado

Preparación:

1. Incorpora los trozos de chocolate en la masa.
2. También puedes agregar unos encima antes de hornear.
3. Hornea a 180 °C por 25–30 minutos.

Brownies con nueces y chips de chocolate blanco

Ingredientes:

- Base de brownies clásicos
- 50 g de nueces picadas
- 50 g de chips de chocolate blanco

Preparación:

1. Añade ambos ingredientes a la mezcla.
2. Vierte en el molde y hornea normalmente.
3. Sirve una vez fríos.

Brownies con salsa de frambuesa

Ingredientes:

- Base de brownies clásicos
- 150 g de frambuesas
- 2 cdas de azúcar
- 1 cdita de jugo de limón

Preparación:

1. Cocina las frambuesas con el azúcar y el limón hasta obtener una salsa espesa.
2. Deja enfriar.
3. Rocía la salsa sobre los brownies antes de servir o úsala como relleno marmoleado antes de hornear.

Brownies con trozos de dulce de leche y nueces

Ingredientes:

- Base de brownies clásicos
- 100 g de dulce de leche
- 50 g de nueces troceadas

Preparación:

1. Vierte la mitad de la masa en el molde.
2. Añade cucharadas de dulce de leche y esparce nueces.
3. Cubre con el resto de la masa y hornea normalmente.

Brownies con topping de crema batida

Ingredientes:

- Base de brownies clásicos
- 200 ml de crema para batir
- 2 cdas de azúcar glas
- Esencia de vainilla (opcional)

Preparación:

1. Bate la crema con el azúcar y la vainilla hasta montar.
2. Deja enfriar los brownies completamente.
3. Sirve con una porción generosa de crema encima justo antes de servir.

Brownies con mezcla de especias (canela, nuez moscada)

Ingredientes:

- Base de brownies clásicos
- 1 cdita de canela en polvo
- ¼ cdita de nuez moscada

Preparación:

1. Incorpora las especias a la mezcla de brownie.
2. Mezcla bien y hornea como de costumbre.
3. Ideal para una versión otoñal o navideña.

Brownies con chocolate con leche y almendras

Ingredientes:

- Base de brownies clásicos
- 100 g de chocolate con leche troceado
- 50 g de almendras picadas

Preparación:

1. Mezcla el chocolate con leche y las almendras en la masa.
2. Vierte en el molde y hornea normalmente.
3. También puedes colocar más trozos por encima antes de hornear.

Brownies con trozos de chocolate y café espresso

Ingredientes:

- Base de brownies clásicos
- 1 cdita de café espresso instantáneo
- 80 g de chocolate semiamargo troceado

Preparación:

1. Disuelve el café en una cucharada de agua caliente y agrégalo a la mezcla.
2. Añade los trozos de chocolate.
3. Hornea como siempre.

Brownies con crema de avellanas y plátano

Ingredientes:

- Base de brownies clásicos
- 2 cdas de crema de avellanas (tipo Nutella)
- ½ plátano maduro en rodajas

Preparación:

1. Vierte la mitad de la masa en el molde.
2. Añade cucharadas de crema de avellanas y rodajas de plátano.
3. Cubre con el resto de la masa y hornea.

Brownies con glaseado de menta y chocolate

Ingredientes:

- Base de brownies clásicos
- 100 g de azúcar glas
- 1 cda de leche
- ½ cdita de extracto de menta
- 50 g de chocolate negro derretido

Preparación:

1. Mezcla el azúcar glas, leche y extracto de menta hasta lograr un glaseado.
2. Cubre los brownies fríos con el glaseado.
3. Rocía con chocolate derretido y deja que se endurezca antes de cortar.

Brownies con nueces y trozos de chocolate negro

Ingredientes:

- Base de brownies clásicos
- 80 g de nueces picadas
- 80 g de chocolate negro troceado

Preparación:

1. Incorpora las nueces y el chocolate a la mezcla de brownie.
2. Vierte en un molde y hornea como de costumbre.
3. Ideal para un contraste crujiente e intenso.

Brownies con topping de caramelo y sal marina

Ingredientes:

- Base de brownies clásicos
- 100 g de caramelo líquido
- Sal marina en escamas

Preparación:

1. Una vez horneados los brownies y aún tibios, vierte el caramelo por encima.
2. Espolvorea con sal marina.
3. Deja enfriar antes de cortar para que el caramelo se asiente.

Brownies con frutas deshidratadas

Ingredientes:

- Base de brownies clásicos
- 60 g de arándanos o cerezas deshidratadas
- Opcional: un chorrito de ron o licor para hidratarlas

Preparación:

1. Hidrata ligeramente las frutas si deseas una textura más suave.
2. Incorpóralas a la mezcla antes de hornear.
3. Agrega un extra de cacao para equilibrar el dulzor.

Brownies con trozos de galleta y chocolate

Ingredientes:

- Base de brownies clásicos
- 100 g de galletas tipo Oreo o María troceadas
- 50 g de chispas de chocolate

Preparación:

1. Mezcla las galletas y chispas con la masa.
2. También puedes colocar más galletas sobre la superficie antes de hornear.
3. Hornear como siempre.

Brownies con relleno de crema de chocolate

Ingredientes:

- Base de brownies clásicos
- 100 g de crema de chocolate (tipo Nutella)

Preparación:

1. Vierte la mitad de la masa en el molde.
2. Añade cucharadas de crema de chocolate y cubre con la otra mitad.
3. Hornea normalmente. Al cortarlos, el interior quedará cremoso.

Brownies con trozos de mantequilla de maní

Ingredientes:

- Base de brownies clásicos
- 2-3 cdas de mantequilla de maní
- Opcional: trozos de cacahuate tostado

Preparación:

1. Añade cucharadas de mantequilla de maní a la mezcla ya en el molde.
2. Usa un cuchillo para hacer un efecto marmoleado.
3. Puedes espolvorear cacahuates encima antes de hornear.